REGISTRE DES ACCIDENTS dU TRAVAIL BÉNINS

Conforme aux articles L.441-4 et D.441-1 à D.441-4 du code de la sécurité sociale.

Raison Sociale : ....

Établissement : ....

Nº Siren : ....

Date d'ouverture du registre : ....

Date de clôture du registre : ....

Tenue à jour obligatoire

Liste des donneurs de soins :

	1	2	3	4	5
Nom					
Signature					

Contrôles du présent registre :

Nom et Prénom des personnes contrôlant	Fonction	Organisme	Date	Signature	Observations

Numéro d'ORDRE	DATE ACCIDENT - ENREGISTREMENT	NOM et PRÉNOM de la VICTIME	Lieu de l'ACCIDENT (et circonstances détaillées)	NATURE et SIÈGES des LÉSIONS
	accident ..../......../........ enregistrement ..../......../........			
	accident ..../......../........ enregistrement ..../......../........			
	accident ..../......../........ enregistrement ..../......../........			
	accident ..../......../........ enregistrement ..../......../........			
	accident ..../......../........ enregistrement ..../......../........			
	accident ..../......../........ enregistrement ..../......../........			
	accident ..../......../........ enregistrement ..../......../........			
	accident ..../......../........ enregistrement ..../......../........			
	accident ..../......../........ enregistrement ..../......../........			

NOMS des TÉMOINS	SIGNATURE du DONNEUR DE SOINS	SIGNATURE DE LA VICTIME	OBSERVATIONS	DATE de l'ARRÊT de TRAVAIL (le cas échéant)
				du ..../......../........ au ..../......../........
				du ..../......../........ au ..../......../........
				du ..../......../........ au ..../......../........
				du ..../......../........ au ..../......../........
				du ..../......../........ au ..../......../........
				du ..../......../........ au ..../......../........
				du ..../......../........ au ..../......../........
				du ..../......../........ au ..../......../........
				du ..../......../........ au ..../......../........

Numéro d'ORDRE	DATE ACCIDENT - ENREGISTREMENT	NOM et PRÉNOM de la VICTIME	Lieu de l'ACCIDENT (et circonstances détaillées)	NATURE et SIÈGES des LÉSIONS
	accident ..../......../........ enregistrement ..../......../........			
	accident ..../......../........ enregistrement ..../......../........			
	accident ..../......../........ enregistrement ..../......../........			
	accident ..../......../........ enregistrement ..../......../........			
	accident ..../......../........ enregistrement ..../......../........			
	accident ..../......../........ enregistrement ..../......../........			
	accident ..../......../........ enregistrement ..../......../........			
	accident ..../......../........ enregistrement ..../......../........			
	accident ..../......../........ enregistrement ..../......../........			

NOMS des TÉMOINS	SIGNATURE du DONNEUR DE SOINS	SIGNATURE DE LA VICTIME	OBSERVATIONS	DATE de l'ARRÊT de TRAVAIL (le cas échéant)
				du ..../......../........ au ..../......../........
				du ..../......../........ au ..../......../........
				du ..../......../........ au ..../......../........
				du ..../......../........ au ..../......../........
				du ..../......../........ au ..../......../........
				du ..../......../........ au ..../......../........
				du ..../......../........ au ..../......../........
				du ..../......../........ au ..../......../........
				du ..../......../........ au ..../......../........

Numéro d'ORDRE	DATE ACCIDENT - ENREGISTREMENT	NOM et PRÉNOM de la VICTIME	Lieu de l'ACCIDENT (et circonstances détaillées)	NATURE et SIÈGES des LÉSIONS
	accident ..../......../........ enregistrement ..../......../........			
	accident ..../......../........ enregistrement ..../......../........			
	accident ..../......../........ enregistrement ..../......../........			
	accident ..../......../........ enregistrement ..../......../........			
	accident ..../......../........ enregistrement ..../......../........			
	accident ..../......../........ enregistrement ..../......../........			
	accident ..../......../........ enregistrement ..../......../........			
	accident ..../......../........ enregistrement ..../......../........			
	accident ..../......../........ enregistrement ..../......../........			

NOMS des TÉMOINS	SIGNATURE du DONNEUR DE SOINS	SIGNATURE DE LA VICTIME	OBSERVATIONS	DATE de l'ARRÊT de TRAVAIL (le cas échéant)
				du ..../......../........ au ..../......../........
				du ..../......../........ au ..../......../........
				du ..../......../........ au ..../......../........
				du ..../......../........ au ..../......../........
				du ..../......../........ au ..../......../........
				du ..../......../........ au ..../......../........
				du ..../......../........ au ..../......../........
				du ..../......../........ au ..../......../........
				du ..../......../........ au ..../......../........

Numéro d'ORDRE	DATE ACCIDENT - ENREGISTREMENT	NOM et PRÉNOM de la VICTIME	Lieu de l'ACCIDENT (et circonstances détaillées)	NATURE et SIÈGES des LÉSIONS
	accident ..../......../........ enregistrement ..../......../........			
	accident ..../......../........ enregistrement ..../......../........			
	accident ..../......../........ enregistrement ..../......../........			
	accident ..../......../........ enregistrement ..../......../........			
	accident ..../......../........ enregistrement ..../......../........			
	accident ..../......../........ enregistrement ..../......../........			
	accident ..../......../........ enregistrement ..../......../........			
	accident ..../......../........ enregistrement ..../......../........			
	accident ..../......../........ enregistrement ..../......../........			

NOMS des TÉMOINS	SIGNATURE du DONNEUR DE SOINS	SIGNATURE DE LA VICTIME	OBSERVATIONS	DATE de l'ARRÊT de TRAVAIL (le cas échéant)
				du ..../......../........ au ..../......../........
				du ..../......../........ au ..../......../........
				du ..../......../........ au ..../......../........
				du ..../......../........ au ..../......../........
				du ..../......../........ au ..../......../........
				du ..../......../........ au ..../......../........
				du ..../......../........ au ..../......../........
				du ..../......../........ au ..../......../........
				du ..../......../........ au ..../......../........

Numéro d'ORDRE	DATE ACCIDENT - ENREGISTREMENT	NOM et PRÉNOM de la VICTIME	Lieu de l'ACCIDENT (et circonstances détaillées)	NATURE et SIÈGES des LÉSIONS
	accident ..../......../........ enregistrement ..../......../........			
	accident ..../......../........ enregistrement ..../......../........			
	accident ..../......../........ enregistrement ..../......../........			
	accident ..../......../........ enregistrement ..../......../........			
	accident ..../......../........ enregistrement ..../......../........			
	accident ..../......../........ enregistrement ..../......../........			
	accident ..../......../........ enregistrement ..../......../........			
	accident ..../......../........ enregistrement ..../......../........			
	accident ..../......../........ enregistrement ..../......../........			

NOMS des TÉMOINS	SIGNATURE du DONNEUR DE SOINS	SIGNATURE DE LA VICTIME	OBSERVATIONS	DATE de l'ARRÊT de TRAVAIL (le cas échéant)
				du ..../......../........ au ..../......../........
				du ..../......../........ au ..../......../........
				du ..../......../........ au ..../......../........
				du ..../......../........ au ..../......../........
				du ..../......../........ au ..../......../........
				du ..../......../........ au ..../......../........
				du ..../......../........ au ..../......../........
				du ..../......../........ au ..../......../........
				du ..../......../........ au ..../......../........

Numéro d'ORDRE	DATE ACCIDENT - ENREGISTREMENT	NOM et PRÉNOM de la VICTIME	Lieu de l'ACCIDENT (et circonstances détaillées)	NATURE et SIÈGES des LÉSIONS
	accident ..../......../........ enregistrement ..../......../........			
	accident ..../......../........ enregistrement ..../......../........			
	accident ..../......../........ enregistrement ..../......../........			
	accident ..../......../........ enregistrement ..../......../........			
	accident ..../......../........ enregistrement ..../......../........			
	accident ..../......../........ enregistrement ..../......../........			
	accident ..../......../........ enregistrement ..../......../........			
	accident ..../......../........ enregistrement ..../......../........			
	accident ..../......../........ enregistrement ..../......../........			

NOMS des TÉMOINS	SIGNATURE du DONNEUR DE SOINS	SIGNATURE DE LA VICTIME	OBSERVATIONS	DATE de l'ARRÊT de TRAVAIL (le cas échéant)
				du ..../......../........ au ..../......../........
				du ..../......../........ au ..../......../........
				du ..../......../........ au ..../......../........
				du ..../......../........ au ..../......../........
				du ..../......../........ au ..../......../........
				du ..../......../........ au ..../......../........
				du ..../......../........ au ..../......../........
				du ..../......../........ au ..../......../........
				du ..../......../........ au ..../......../........

Numéro d'ORDRE	DATE ACCIDENT - ENREGISTREMENT	NOM et PRÉNOM de la VICTIME	Lieu de l'ACCIDENT (et circonstances détaillées)	NATURE et SIÈGES des LÉSIONS
	accident ..../......../........ enregistrement ..../......../........			
	accident ..../......../........ enregistrement ..../......../........			
	accident ..../......../........ enregistrement ..../......../........			
	accident ..../......../........ enregistrement ..../......../........			
	accident ..../......../........ enregistrement ..../......../........			
	accident ..../......../........ enregistrement ..../......../........			
	accident ..../......../........ enregistrement ..../......../........			
	accident ..../......../........ enregistrement ..../......../........			
	accident ..../......../........ enregistrement ..../......../........			

NOMS des TÉMOINS	SIGNATURE du DONNEUR DE SOINS	SIGNATURE DE LA VICTIME	OBSERVATIONS	DATE de l'ARRÊT de TRAVAIL (le cas échéant)
				du ..../......../........ au ..../......../........
				du ..../......../........ au ..../......../........
				du ..../......../........ au ..../......../........
				du ..../......../........ au ..../......../........
				du ..../......../........ au ..../......../........
				du ..../......../........ au ..../......../........
				du ..../......../........ au ..../......../........
				du ..../......../........ au ..../......../........
				du ..../......../........ au ..../......../........

Numéro d'ORDRE	DATE ACCIDENT - ENREGISTREMENT	NOM et PRÉNOM de la VICTIME	Lieu de l'ACCIDENT (et circonstances détaillées)	NATURE et SIÈGES des LÉSIONS
	accident ..../......../........ enregistrement ..../......../........			
	accident ..../......../........ enregistrement ..../......../........			
	accident ..../......../........ enregistrement ..../......../........			
	accident ..../......../........ enregistrement ..../......../........			
	accident ..../......../........ enregistrement ..../......../........			
	accident ..../......../........ enregistrement ..../......../........			
	accident ..../......../........ enregistrement ..../......../........			
	accident ..../......../........ enregistrement ..../......../........			
	accident ..../......../........ enregistrement ..../......../........			

NOMS des TÉMOINS	SIGNATURE du DONNEUR DE SOINS	SIGNATURE DE LA VICTIME	OBSERVATIONS	DATE de l'ARRÊT de TRAVAIL (le cas échéant)
				du ..../......../........ au ..../......../........
				du ..../......../........ au ..../......../........
				du ..../......../........ au ..../......../........
				du ..../......../........ au ..../......../........
				du ..../......../........ au ..../......../........
				du ..../......../........ au ..../......../........
				du ..../......../........ au ..../......../........
				du ..../......../........ au ..../......../........
				du ..../......../........ au ..../......../........

Numéro d'ORDRE	DATE ACCIDENT - ENREGISTREMENT	NOM et PRÉNOM de la VICTIME	Lieu de l'ACCIDENT (et circonstances détaillées)	NATURE et SIÈGES des LÉSIONS
	accident ..../......../........ enregistrement ..../......../........			
	accident ..../......../........ enregistrement ..../......../........			
	accident ..../......../........ enregistrement ..../......../........			
	accident ..../......../........ enregistrement ..../......../........			
	accident ..../......../........ enregistrement ..../......../........			
	accident ..../......../........ enregistrement ..../......../........			
	accident ..../......../........ enregistrement ..../......../........			
	accident ..../......../........ enregistrement ..../......../........			
	accident ..../......../........ enregistrement ..../......../........			

NOMS des TÉMOINS	SIGNATURE du DONNEUR DE SOINS	SIGNATURE DE LA VICTIME	OBSERVATIONS	DATE de l'ARRÊT de TRAVAIL (le cas échéant)
				du ..../......../........ au ..../......../........
				du ..../......../........ au ..../......../........
				du ..../......../........ au ..../......../........
				du ..../......../........ au ..../......../........
				du ..../......../........ au ..../......../........
				du ..../......../........ au ..../......../........
				du ..../......../........ au ..../......../........
				du ..../......../........ au ..../......../........
				du ..../......../........ au ..../......../........

Numéro d'ORDRE	DATE ACCIDENT - ENREGISTREMENT	NOM et PRÉNOM de la VICTIME	Lieu de l'ACCIDENT (et circonstances détaillées)	NATURE et SIÈGES des LÉSIONS
	accident ..../......../........ enregistrement ..../......../........			
	accident ..../......../........ enregistrement ..../......../........			
	accident ..../......../........ enregistrement ..../......../........			
	accident ..../......../........ enregistrement ..../......../........			
	accident ..../......../........ enregistrement ..../......../........			
	accident ..../......../........ enregistrement ..../......../........			
	accident ..../......../........ enregistrement ..../......../........			
	accident ..../......../........ enregistrement ..../......../........			
	accident ..../......../........ enregistrement ..../......../........			

NOMS des TÉMOINS	SIGNATURE du DONNEUR DE SOINS	SIGNATURE DE LA VICTIME	OBSERVATIONS	DATE de l'ARRÊT de TRAVAIL (le cas échéant)
				du ..../......../........ au ..../......../........
				du ..../......../........ au ..../......../........
				du ..../......../........ au ..../......../........
				du ..../......../........ au ..../......../........
				du ..../......../........ au ..../......../........
				du ..../......../........ au ..../......../........
				du ..../......../........ au ..../......../........
				du ..../......../........ au ..../......../........
				du ..../......../........ au ..../......../........

Numéro d'ORDRE	DATE ACCIDENT - ENREGISTREMENT	NOM et PRÉNOM de la VICTIME	Lieu de l'ACCIDENT (et circonstances détaillées)	NATURE et SIÈGES des LÉSIONS
	accident ..../......../........ enregistrement ..../......../........			
	accident ..../......../........ enregistrement ..../......../........			
	accident ..../......../........ enregistrement ..../......../........			
	accident ..../......../........ enregistrement ..../......../........			
	accident ..../......../........ enregistrement ..../......../........			
	accident ..../......../........ enregistrement ..../......../........			
	accident ..../......../........ enregistrement ..../......../........			
	accident ..../......../........ enregistrement ..../......../........			
	accident ..../......../........ enregistrement ..../......../........			

NOMS des TÉMOINS	SIGNATURE du DONNEUR DE SOINS	SIGNATURE DE LA VICTIME	OBSERVATIONS	DATE de l'ARRÊT de TRAVAIL (le cas échéant)
				du ..../......../........ au ..../......../........
				du ..../......../........ au ..../......../........
				du ..../......../........ au ..../......../........
				du ..../......../........ au ..../......../........
				du ..../......../........ au ..../......../........
				du ..../......../........ au ..../......../........
				du ..../......../........ au ..../......../........
				du ..../......../........ au ..../......../........
				du ..../......../........ au ..../......../........

Numéro d'ORDRE	DATE ACCIDENT - ENREGISTREMENT	NOM et PRÉNOM de la VICTIME	Lieu de l'ACCIDENT (et circonstances détaillées)	NATURE et SIÈGES des LÉSIONS
	accident ..../......../........ enregistrement ..../......../........			
	accident ..../......../........ enregistrement ..../......../........			
	accident ..../......../........ enregistrement ..../......../........			
	accident ..../......../........ enregistrement ..../......../........			
	accident ..../......../........ enregistrement ..../......../........			
	accident ..../......../........ enregistrement ..../......../........			
	accident ..../......../........ enregistrement ..../......../........			
	accident ..../......../........ enregistrement ..../......../........			
	accident ..../......../........ enregistrement ..../......../........			

NOMS des TÉMOINS	SIGNATURE du DONNEUR DE SOINS	SIGNATURE DE LA VICTIME	OBSERVATIONS	DATE de l'ARRÊT de TRAVAIL (le cas échéant)
				du ..../......../........ au ..../......../........
				du ..../......../........ au ..../......../........
				du ..../......../........ au ..../......../........
				du ..../......../........ au ..../......../........
				du ..../......../........ au ..../......../........
				du ..../......../........ au ..../......../........
				du ..../......../........ au ..../......../........
				du ..../......../........ au ..../......../........
				du ..../......../........ au ..../......../........

Numéro d'ORDRE	DATE ACCIDENT - ENREGISTREMENT	NOM et PRÉNOM de la VICTIME	Lieu de l'ACCIDENT (et circonstances détaillées)	NATURE et SIÈGES des LÉSIONS
	accident ..../......../........ enregistrement ..../......../........			
	accident ..../......../........ enregistrement ..../......../........			
	accident ..../......../........ enregistrement ..../......../........			
	accident ..../......../........ enregistrement ..../......../........			
	accident ..../......../........ enregistrement ..../......../........			
	accident ..../......../........ enregistrement ..../......../........			
	accident ..../......../........ enregistrement ..../......../........			
	accident ..../......../........ enregistrement ..../......../........			
	accident ..../......../........ enregistrement ..../......../........			

NOMS des TÉMOINS	SIGNATURE du DONNEUR DE SOINS	SIGNATURE DE LA VICTIME	OBSERVATIONS	DATE de l'ARRÊT de TRAVAIL (le cas échéant)
				du ..../......../........ au ..../......../........
				du ..../......../........ au ..../......../........
				du ..../......../........ au ..../......../........
				du ..../......../........ au ..../......../........
				du ..../......../........ au ..../......../........
				du ..../......../........ au ..../......../........
				du ..../......../........ au ..../......../........
				du ..../......../........ au ..../......../........
				du ..../......../........ au ..../......../........

Numéro d'ORDRE	DATE ACCIDENT - ENREGISTREMENT	NOM et PRÉNOM de la VICTIME	Lieu de l'ACCIDENT (et circonstances détaillées)	NATURE et SIÈGES des LÉSIONS
	accident ..../......../........ enregistrement ..../......../........			
	accident ..../......../........ enregistrement ..../......../........			
	accident ..../......../........ enregistrement ..../......../........			
	accident ..../......../........ enregistrement ..../......../........			
	accident ..../......../........ enregistrement ..../......../........			
	accident ..../......../........ enregistrement ..../......../........			
	accident ..../......../........ enregistrement ..../......../........			
	accident ..../......../........ enregistrement ..../......../........			
	accident ..../......../........ enregistrement ..../......../........			

NOMS des TÉMOINS	SIGNATURE du DONNEUR DE SOINS	SIGNATURE DE LA VICTIME	OBSERVATIONS	DATE de l'ARRÊT de TRAVAIL (le cas échéant)
				du ..../......../........ au ..../......../........
				du ..../......../........ au ..../......../........
				du ..../......../........ au ..../......../........
				du ..../......../........ au ..../......../........
				du ..../......../........ au ..../......../........
				du ..../......../........ au ..../......../........
				du ..../......../........ au ..../......../........
				du ..../......../........ au ..../......../........
				du ..../......../........ au ..../......../........

Numéro d'ORDRE	DATE ACCIDENT - ENREGISTREMENT	NOM et PRÉNOM de la VICTIME	Lieu de l'ACCIDENT (et circonstances détaillées)	NATURE et SIÈGES des LÉSIONS
	accident ..../......../........ enregistrement ..../......../........			
	accident ..../......../........ enregistrement ..../......../........			
	accident ..../......../........ enregistrement ..../......../........			
	accident ..../......../........ enregistrement ..../......../........			
	accident ..../......../........ enregistrement ..../......../........			
	accident ..../......../........ enregistrement ..../......../........			
	accident ..../......../........ enregistrement ..../......../........			
	accident ..../......../........ enregistrement ..../......../........			
	accident ..../......../........ enregistrement ..../......../........			

NOMS des TÉMOINS	SIGNATURE du DONNEUR DE SOINS	SIGNATURE DE LA VICTIME	OBSERVATIONS	DATE de l'ARRÊT de TRAVAIL (le cas échéant)
				du ..../......../........ au ..../......../........
				du ..../......../........ au ..../......../........
				du ..../......../........ au ..../......../........
				du ..../......../........ au ..../......../........
				du ..../......../........ au ..../......../........
				du ..../......../........ au ..../......../........
				du ..../......../........ au ..../......../........
				du ..../......../........ au ..../......../........
				du ..../......../........ au ..../......../........

Numéro d'ORDRE	DATE ACCIDENT - ENREGISTREMENT	NOM et PRÉNOM de la VICTIME	Lieu de l'ACCIDENT (et circonstances détaillées)	NATURE et SIÈGES des LÉSIONS
	accident ..../......../........ enregistrement ..../......../........			
	accident ..../......../........ enregistrement ..../......../........			
	accident ..../......../........ enregistrement ..../......../........			
	accident ..../......../........ enregistrement ..../......../........			
	accident ..../......../........ enregistrement ..../......../........			
	accident ..../......../........ enregistrement ..../......../........			
	accident ..../......../........ enregistrement ..../......../........			
	accident ..../......../........ enregistrement ..../......../........			
	accident ..../......../........ enregistrement ..../......../........			

NOMS des TÉMOINS	SIGNATURE du DONNEUR DE SOINS	SIGNATURE DE LA VICTIME	OBSERVATIONS	DATE de l'ARRÊT de TRAVAIL (le cas échéant)
				du ..../......../........ au ..../......../........
				du ..../......../........ au ..../......../........
				du ..../......../........ au ..../......../........
				du ..../......../........ au ..../......../........
				du ..../......../........ au ..../......../........
				du ..../......../........ au ..../......../........
				du ..../......../........ au ..../......../........
				du ..../......../........ au ..../......../........
				du ..../......../........ au ..../......../........

Numéro d'ORDRE	DATE ACCIDENT - ENREGISTREMENT	NOM et PRÉNOM de la VICTIME	Lieu de l'ACCIDENT (et circonstances détaillées)	NATURE et SIÈGES des LÉSIONS
	accident ..../......../........ enregistrement ..../......../........			
	accident ..../......../........ enregistrement ..../......../........			
	accident ..../......../........ enregistrement ..../......../........			
	accident ..../......../........ enregistrement ..../......../........			
	accident ..../......../........ enregistrement ..../......../........			
	accident ..../......../........ enregistrement ..../......../........			
	accident ..../......../........ enregistrement ..../......../........			
	accident ..../......../........ enregistrement ..../......../........			
	accident ..../......../........ enregistrement ..../......../........			

NOMS des TÉMOINS	SIGNATURE du DONNEUR DE SOINS	SIGNATURE DE LA VICTIME	OBSERVATIONS	DATE de l'ARRÊT de TRAVAIL (le cas échéant)
				du ..../......../........ au ..../......../........
				du ..../......../........ au ..../......../........
				du ..../......../........ au ..../......../........
				du ..../......../........ au ..../......../........
				du ..../......../........ au ..../......../........
				du ..../......../........ au ..../......../........
				du ..../......../........ au ..../......../........
				du ..../......../........ au ..../......../........
				du ..../......../........ au ..../......../........

Numéro d'ORDRE	DATE ACCIDENT - ENREGISTREMENT	NOM et PRÉNOM de la VICTIME	Lieu de l'ACCIDENT (et circonstances détaillées)	NATURE et SIÈGES des LÉSIONS
	accident ..../......../........ enregistrement ..../......../........			
	accident ..../......../........ enregistrement ..../......../........			
	accident ..../......../........ enregistrement ..../......../........			
	accident ..../......../........ enregistrement ..../......../........			
	accident ..../......../........ enregistrement ..../......../........			
	accident ..../......../........ enregistrement ..../......../........			
	accident ..../......../........ enregistrement ..../......../........			
	accident ..../......../........ enregistrement ..../......../........			
	accident ..../......../........ enregistrement ..../......../........			

NOMS des TÉMOINS	SIGNATURE du DONNEUR DE SOINS	SIGNATURE DE LA VICTIME	OBSERVATIONS	DATE de l'ARRÊT de TRAVAIL (le cas échéant)
				du ..../......../........ au ..../......../........
				du ..../......../........ au ..../......../........
				du ..../......../........ au ..../......../........
				du ..../......../........ au ..../......../........
				du ..../......../........ au ..../......../........
				du ..../......../........ au ..../......../........
				du ..../......../........ au ..../......../........
				du ..../......../........ au ..../......../........
				du ..../......../........ au ..../......../........

Numéro d'ORDRE	DATE ACCIDENT - ENREGISTREMENT	NOM et PRÉNOM de la VICTIME	Lieu de l'ACCIDENT (et circonstances détaillées)	NATURE et SIÈGES des LÉSIONS
	accident ..../......../........ enregistrement ..../......../........			
	accident ..../......../........ enregistrement ..../......../........			
	accident ..../......../........ enregistrement ..../......../........			
	accident ..../......../........ enregistrement ..../......../........			
	accident ..../......../........ enregistrement ..../......../........			
	accident ..../......../........ enregistrement ..../......../........			
	accident ..../......../........ enregistrement ..../......../........			
	accident ..../......../........ enregistrement ..../......../........			
	accident ..../......../........ enregistrement ..../......../........			

NOMS des TÉMOINS	SIGNATURE du DONNEUR DE SOINS	SIGNATURE DE LA VICTIME	OBSERVATIONS	DATE de l'ARRÊT de TRAVAIL (le cas échéant)
				du ..../......../........ au ..../......../........
				du ..../......../........ au ..../......../........
				du ..../......../........ au ..../......../........
				du ..../......../........ au ..../......../........
				du ..../......../........ au ..../......../........
				du ..../......../........ au ..../......../........
				du ..../......../........ au ..../......../........
				du ..../......../........ au ..../......../........
				du ..../......../........ au ..../......../........

Numéro d'ORDRE	DATE ACCIDENT - ENREGISTREMENT	NOM et PRÉNOM de la VICTIME	Lieu de l'ACCIDENT (et circonstances détaillées)	NATURE et SIÈGES des LÉSIONS
	accident ..../......../........ enregistrement ..../......../........			
	accident ..../......../........ enregistrement ..../......../........			
	accident ..../......../........ enregistrement ..../......../........			
	accident ..../......../........ enregistrement ..../......../........			
	accident ..../......../........ enregistrement ..../......../........			
	accident ..../......../........ enregistrement ..../......../........			
	accident ..../......../........ enregistrement ..../......../........			
	accident ..../......../........ enregistrement ..../......../........			
	accident ..../......../........ enregistrement ..../......../........			

NOMS des TÉMOINS	SIGNATURE du DONNEUR DE SOINS	SIGNATURE DE LA VICTIME	OBSERVATIONS	DATE de l'ARRÊT de TRAVAIL (le cas échéant)
				du ..../......../........ au ..../......../........
				du ..../......../........ au ..../......../........
				du ..../......../........ au ..../......../........
				du ..../......../........ au ..../......../........
				du ..../......../........ au ..../......../........
				du ..../......../........ au ..../......../........
				du ..../......../........ au ..../......../........
				du ..../......../........ au ..../......../........
				du ..../......../........ au ..../......../........

Numéro d'ORDRE	DATE ACCIDENT - ENREGISTREMENT	NOM et PRÉNOM de la VICTIME	Lieu de l'ACCIDENT (et circonstances détaillées)	NATURE et SIÈGES des LÉSIONS
	accident ..../......../........ enregistrement ..../......../........			
	accident ..../......../........ enregistrement ..../......../........			
	accident ..../......../........ enregistrement ..../......../........			
	accident ..../......../........ enregistrement ..../......../........			
	accident ..../......../........ enregistrement ..../......../........			
	accident ..../......../........ enregistrement ..../......../........			
	accident ..../......../........ enregistrement ..../......../........			
	accident ..../......../........ enregistrement ..../......../........			
	accident ..../......../........ enregistrement ..../......../........			

NOMS des TÉMOINS	SIGNATURE du DONNEUR DE SOINS	SIGNATURE DE LA VICTIME	OBSERVATIONS	DATE de l'ARRÊT de TRAVAIL (le cas échéant)
				du ..../......../........ au ..../......../........
				du ..../......../........ au ..../......../........
				du ..../......../........ au ..../......../........
				du ..../......../........ au ..../......../........
				du ..../......../........ au ..../......../........
				du ..../......../........ au ..../......../........
				du ..../......../........ au ..../......../........
				du ..../......../........ au ..../......../........
				du ..../......../........ au ..../......../........

Numéro d'ORDRE	DATE ACCIDENT - ENREGISTREMENT	NOM et PRÉNOM de la VICTIME	Lieu de l'ACCIDENT (et circonstances détaillées)	NATURE et SIÈGES des LÉSIONS
	accident ..../......../........ enregistrement ..../......../........			
	accident ..../......../........ enregistrement ..../......../........			
	accident ..../......../........ enregistrement ..../......../........			
	accident ..../......../........ enregistrement ..../......../........			
	accident ..../......../........ enregistrement ..../......../........			
	accident ..../......../........ enregistrement ..../......../........			
	accident ..../......../........ enregistrement ..../......../........			
	accident ..../......../........ enregistrement ..../......../........			
	accident ..../......../........ enregistrement ..../......../........			

NOMS des TÉMOINS	SIGNATURE du DONNEUR DE SOINS	SIGNATURE DE LA VICTIME	OBSERVATIONS	DATE de l'ARRÊT de TRAVAIL (le cas échéant)
				du ..../......../........ au ..../......../........
				du ..../......../........ au ..../......../........
				du ..../......../........ au ..../......../........
				du ..../......../........ au ..../......../........
				du ..../......../........ au ..../......../........
				du ..../......../........ au ..../......../........
				du ..../......../........ au ..../......../........
				du ..../......../........ au ..../......../........
				du ..../......../........ au ..../......../........

Numéro d'ORDRE	DATE ACCIDENT - ENREGISTREMENT	NOM et PRÉNOM de la VICTIME	Lieu de l'ACCIDENT (et circonstances détaillées)	NATURE et SIÈGES des LÉSIONS
	accident ..../......../........ enregistrement ..../......../........			
	accident ..../......../........ enregistrement ..../......../........			
	accident ..../......../........ enregistrement ..../......../........			
	accident ..../......../........ enregistrement ..../......../........			
	accident ..../......../........ enregistrement ..../......../........			
	accident ..../......../........ enregistrement ..../......../........			
	accident ..../......../........ enregistrement ..../......../........			
	accident ..../......../........ enregistrement ..../......../........			
	accident ..../......../........ enregistrement ..../......../........			

NOMS des TÉMOINS	SIGNATURE du DONNEUR DE SOINS	SIGNATURE DE LA VICTIME	OBSERVATIONS	DATE de l'ARRÊT de TRAVAIL (le cas échéant)
				du ..../......../........ au ..../......../........
				du ..../......../........ au ..../......../........
				du ..../......../........ au ..../......../........
				du ..../......../........ au ..../......../........
				du ..../......../........ au ..../......../........
				du ..../......../........ au ..../......../........
				du ..../......../........ au ..../......../........
				du ..../......../........ au ..../......../........
				du ..../......../........ au ..../......../........

Numéro d'ORDRE	DATE ACCIDENT - ENREGISTREMENT	NOM et PRÉNOM de la VICTIME	Lieu de l'ACCIDENT (et circonstances détaillées)	NATURE et SIÈGES des LÉSIONS
	accident ..../......../........ enregistrement ..../......../........			
	accident ..../......../........ enregistrement ..../......../........			
	accident ..../......../........ enregistrement ..../......../........			
	accident ..../......../........ enregistrement ..../......../........			
	accident ..../......../........ enregistrement ..../......../........			
	accident ..../......../........ enregistrement ..../......../........			
	accident ..../......../........ enregistrement ..../......../........			
	accident ..../......../........ enregistrement ..../......../........			
	accident ..../......../........ enregistrement ..../......../........			

NOMS des TÉMOINS	SIGNATURE du DONNEUR DE SOINS	SIGNATURE DE LA VICTIME	OBSERVATIONS	DATE de l'ARRÊT de TRAVAIL (le cas échéant)
				du ..../......../........ au ..../......../........
				du ..../......../........ au ..../......../........
				du ..../......../........ au ..../......../........
				du ..../......../........ au ..../......../........
				du ..../......../........ au ..../......../........
				du ..../......../........ au ..../......../........
				du ..../......../........ au ..../......../........
				du ..../......../........ au ..../......../........
				du ..../......../........ au ..../......../........

Numéro d'ORDRE	DATE ACCIDENT - ENREGISTREMENT	NOM et PRÉNOM de la VICTIME	Lieu de l'ACCIDENT (et circonstances détaillées)	NATURE et SIÈGES des LÉSIONS
	accident ..../......../........ enregistrement ..../......../........			
	accident ..../......../........ enregistrement ..../......../........			
	accident ..../......../........ enregistrement ..../......../........			
	accident ..../......../........ enregistrement ..../......../........			
	accident ..../......../........ enregistrement ..../......../........			
	accident ..../......../........ enregistrement ..../......../........			
	accident ..../......../........ enregistrement ..../......../........			
	accident ..../......../........ enregistrement ..../......../........			
	accident ..../......../........ enregistrement ..../......../........			

NOMS des TÉMOINS	SIGNATURE du DONNEUR DE SOINS	SIGNATURE DE LA VICTIME	OBSERVATIONS	DATE de l'ARRÊT de TRAVAIL (le cas échéant)
				du ..../......../........ au ..../......../........
				du ..../......../........ au ..../......../........
				du ..../......../........ au ..../......../........
				du ..../......../........ au ..../......../........
				du ..../......../........ au ..../......../........
				du ..../......../........ au ..../......../........
				du ..../......../........ au ..../......../........
				du ..../......../........ au ..../......../........
				du ..../......../........ au ..../......../........

Numéro d'ORDRE	DATE ACCIDENT - ENREGISTREMENT	NOM et PRÉNOM de la VICTIME	Lieu de l'ACCIDENT (et circonstances détaillées)	NATURE et SIÈGES des LÉSIONS
	accident ..../......../........ enregistrement ..../......../........			
	accident ..../......../........ enregistrement ..../......../........			
	accident ..../......../........ enregistrement ..../......../........			
	accident ..../......../........ enregistrement ..../......../........			
	accident ..../......../........ enregistrement ..../......../........			
	accident ..../......../........ enregistrement ..../......../........			
	accident ..../......../........ enregistrement ..../......../........			
	accident ..../......../........ enregistrement ..../......../........			
	accident ..../......../........ enregistrement ..../......../........			

NOMS des TÉMOINS	SIGNATURE du DONNEUR DE SOINS	SIGNATURE DE LA VICTIME	OBSERVATIONS	DATE de l'ARRÊT de TRAVAIL (le cas échéant)
				du ..../......../........ au ..../......../........
				du ..../......../........ au ..../......../........
				du ..../......../........ au ..../......../........
				du ..../......../........ au ..../......../........
				du ..../......../........ au ..../......../........
				du ..../......../........ au ..../......../........
				du ..../......../........ au ..../......../........
				du ..../......../........ au ..../......../........
				du ..../......../........ au ..../......../........

Numéro d'ORDRE	DATE ACCIDENT - ENREGISTREMENT	NOM et PRÉNOM de la VICTIME	Lieu de l'ACCIDENT (et circonstances détaillées)	NATURE et SIÈGES des LÉSIONS
	accident ..../......../........ enregistrement ..../......../........			
	accident ..../......../........ enregistrement ..../......../........			
	accident ..../......../........ enregistrement ..../......../........			
	accident ..../......../........ enregistrement ..../......../........			
	accident ..../......../........ enregistrement ..../......../........			
	accident ..../......../........ enregistrement ..../......../........			
	accident ..../......../........ enregistrement ..../......../........			
	accident ..../......../........ enregistrement ..../......../........			
	accident ..../......../........ enregistrement ..../......../........			

NOMS des TÉMOINS	SIGNATURE du DONNEUR DE SOINS	SIGNATURE DE LA VICTIME	OBSERVATIONS	DATE de l'ARRÊT de TRAVAIL (le cas échéant)
				du ..../......../........ au ..../......../........
				du ..../......../........ au ..../......../........
				du ..../......../........ au ..../......../........
				du ..../......../........ au ..../......../........
				du ..../......../........ au ..../......../........
				du ..../......../........ au ..../......../........
				du ..../......../........ au ..../......../........
				du ..../......../........ au ..../......../........
				du ..../......../........ au ..../......../........

Numéro d'ORDRE	DATE ACCIDENT - ENREGISTREMENT	NOM et PRÉNOM de la VICTIME	Lieu de l'ACCIDENT (et circonstances détaillées)	NATURE et SIÈGES des LÉSIONS
	accident ..../......../........ enregistrement ..../......../........			
	accident ..../......../........ enregistrement ..../......../........			
	accident ..../......../........ enregistrement ..../......../........			
	accident ..../......../........ enregistrement ..../......../........			
	accident ..../......../........ enregistrement ..../......../........			
	accident ..../......../........ enregistrement ..../......../........			
	accident ..../......../........ enregistrement ..../......../........			
	accident ..../......../........ enregistrement ..../......../........			
	accident ..../......../........ enregistrement ..../......../........			

NOMS des TÉMOINS	SIGNATURE du DONNEUR DE SOINS	SIGNATURE DE LA VICTIME	OBSERVATIONS	DATE de l'ARRÊT de TRAVAIL (le cas échéant)
				du ..../......../........ au ..../......../........
				du ..../......../........ au ..../......../........
				du ..../......../........ au ..../......../........
				du ..../......../........ au ..../......../........
				du ..../......../........ au ..../......../........
				du ..../......../........ au ..../......../........
				du ..../......../........ au ..../......../........
				du ..../......../........ au ..../......../........
				du ..../......../........ au ..../......../........

Numéro d'ORDRE	DATE ACCIDENT - ENREGISTREMENT	NOM et PRÉNOM de la VICTIME	Lieu de l'ACCIDENT (et circonstances détaillées)	NATURE et SIÈGES des LÉSIONS
	accident ..../......../........ enregistrement ..../......../........			
	accident ..../......../........ enregistrement ..../......../........			
	accident ..../......../........ enregistrement ..../......../........			
	accident ..../......../........ enregistrement ..../......../........			
	accident ..../......../........ enregistrement ..../......../........			
	accident ..../......../........ enregistrement ..../......../........			
	accident ..../......../........ enregistrement ..../......../........			
	accident ..../......../........ enregistrement ..../......../........			
	accident ..../......../........ enregistrement ..../......../........			

NOMS des TÉMOINS	SIGNATURE du DONNEUR DE SOINS	SIGNATURE DE LA VICTIME	OBSERVATIONS	DATE de l'ARRÊT de TRAVAIL (le cas échéant)
				du ..../......../........ au ..../......../........
				du ..../......../........ au ..../......../........
				du ..../......../........ au ..../......../........
				du ..../......../........ au ..../......../........
				du ..../......../........ au ..../......../........
				du ..../......../........ au ..../......../........
				du ..../......../........ au ..../......../........
				du ..../......../........ au ..../......../........
				du ..../......../........ au ..../......../........

Numéro d'ORDRE	DATE ACCIDENT - ENREGISTREMENT	NOM et PRÉNOM de la VICTIME	Lieu de l'ACCIDENT (et circonstances détaillées)	NATURE et SIÈGES des LÉSIONS
	accident ..../......../........ enregistrement ..../......../........			
	accident ..../......../........ enregistrement ..../......../........			
	accident ..../......../........ enregistrement ..../......../........			
	accident ..../......../........ enregistrement ..../......../........			
	accident ..../......../........ enregistrement ..../......../........			
	accident ..../......../........ enregistrement ..../......../........			
	accident ..../......../........ enregistrement ..../......../........			
	accident ..../......../........ enregistrement ..../......../........			
	accident ..../......../........ enregistrement ..../......../........			

NOMS des TÉMOINS	SIGNATURE du DONNEUR DE SOINS	SIGNATURE DE LA VICTIME	OBSERVATIONS	DATE de l'ARRÊT de TRAVAIL (le cas échéant)
				du ..../......../........ au ..../......../........
				du ..../......../........ au ..../......../........
				du ..../......../........ au ..../......../........
				du ..../......../........ au ..../......../........
				du ..../......../........ au ..../......../........
				du ..../......../........ au ..../......../........
				du ..../......../........ au ..../......../........
				du ..../......../........ au ..../......../........
				du ..../......../........ au ..../......../........

Numéro d'ORDRE	DATE ACCIDENT - ENREGISTREMENT	NOM et PRÉNOM de la VICTIME	Lieu de l'ACCIDENT (et circonstances détaillées)	NATURE et SIÈGES des LÉSIONS
	accident ..../......../........ enregistrement ..../......../........			
	accident ..../......../........ enregistrement ..../......../........			
	accident ..../......../........ enregistrement ..../......../........			
	accident ..../......../........ enregistrement ..../......../........			
	accident ..../......../........ enregistrement ..../......../........			
	accident ..../......../........ enregistrement ..../......../........			
	accident ..../......../........ enregistrement ..../......../........			
	accident ..../......../........ enregistrement ..../......../........			
	accident ..../......../........ enregistrement ..../......../........			

NOMS des TÉMOINS	SIGNATURE du DONNEUR DE SOINS	SIGNATURE DE LA VICTIME	OBSERVATIONS	DATE de l'ARRÊT de TRAVAIL (le cas échéant)
				du ..../......../........ au ..../......../........
				du ..../......../........ au ..../......../........
				du ..../......../........ au ..../......../........
				du ..../......../........ au ..../......../........
				du ..../......../........ au ..../......../........
				du ..../......../........ au ..../......../........
				du ..../......../........ au ..../......../........
				du ..../......../........ au ..../......../........
				du ..../......../........ au ..../......../........

Numéro d'ORDRE	DATE ACCIDENT - ENREGISTREMENT	NOM et PRÉNOM de la VICTIME	Lieu de l'ACCIDENT (et circonstances détaillées)	NATURE et SIÈGES des LÉSIONS
	accident ..../......../........ enregistrement ..../......../........			
	accident ..../......../........ enregistrement ..../......../........			
	accident ..../......../........ enregistrement ..../......../........			
	accident ..../......../........ enregistrement ..../......../........			
	accident ..../......../........ enregistrement ..../......../........			
	accident ..../......../........ enregistrement ..../......../........			
	accident ..../......../........ enregistrement ..../......../........			
	accident ..../......../........ enregistrement ..../......../........			
	accident ..../......../........ enregistrement ..../......../........			

NOMS des TÉMOINS	SIGNATURE du DONNEUR DE SOINS	SIGNATURE DE LA VICTIME	OBSERVATIONS	DATE de l'ARRÊT de TRAVAIL (le cas échéant)
				du ..../......../........ au ..../......../........
				du ..../......../........ au ..../......../........
				du ..../......../........ au ..../......../........
				du ..../......../........ au ..../......../........
				du ..../......../........ au ..../......../........
				du ..../......../........ au ..../......../........
				du ..../......../........ au ..../......../........
				du ..../......../........ au ..../......../........
				du ..../......../........ au ..../......../........

Numéro d'ORDRE	DATE ACCIDENT - ENREGISTREMENT	NOM et PRÉNOM de la VICTIME	Lieu de l'ACCIDENT (et circonstances détaillées)	NATURE et SIÈGES des LÉSIONS
	accident ..../......../........ enregistrement ..../......../........			
	accident ..../......../........ enregistrement ..../......../........			
	accident ..../......../........ enregistrement ..../......../........			
	accident ..../......../........ enregistrement ..../......../........			
	accident ..../......../........ enregistrement ..../......../........			
	accident ..../......../........ enregistrement ..../......../........			
	accident ..../......../........ enregistrement ..../......../........			
	accident ..../......../........ enregistrement ..../......../........			
	accident ..../......../........ enregistrement ..../......../........			

NOMS des TÉMOINS	SIGNATURE du DONNEUR DE SOINS	SIGNATURE DE LA VICTIME	OBSERVATIONS	DATE de l'ARRÊT de TRAVAIL (le cas échéant)
				du ..../......../........ au ..../......../........
				du ..../......../........ au ..../......../........
				du ..../......../........ au ..../......../........
				du ..../......../........ au ..../......../........
				du ..../......../........ au ..../......../........
				du ..../......../........ au ..../......../........
				du ..../......../........ au ..../......../........
				du ..../......../........ au ..../......../........
				du ..../......../........ au ..../......../........

Numéro d'ORDRE	DATE ACCIDENT - ENREGISTREMENT	NOM et PRÉNOM de la VICTIME	Lieu de l'ACCIDENT (et circonstances détaillées)	NATURE et SIÈGES des LÉSIONS
	accident ..../......../........ enregistrement ..../......../........			
	accident ..../......../........ enregistrement ..../......../........			
	accident ..../......../........ enregistrement ..../......../........			
	accident ..../......../........ enregistrement ..../......../........			
	accident ..../......../........ enregistrement ..../......../........			
	accident ..../......../........ enregistrement ..../......../........			
	accident ..../......../........ enregistrement ..../......../........			
	accident ..../......../........ enregistrement ..../......../........			
	accident ..../......../........ enregistrement ..../......../........			

NOMS des TÉMOINS	SIGNATURE du DONNEUR DE SOINS	SIGNATURE DE LA VICTIME	OBSERVATIONS	DATE de l'ARRÊT de TRAVAIL (le cas échéant)
				du ..../......../........ au ..../......../........
				du ..../......../........ au ..../......../........
				du ..../......../........ au ..../......../........
				du ..../......../........ au ..../......../........
				du ..../......../........ au ..../......../........
				du ..../......../........ au ..../......../........
				du ..../......../........ au ..../......../........
				du ..../......../........ au ..../......../........
				du ..../......../........ au ..../......../........

Numéro d'ORDRE	DATE ACCIDENT - ENREGISTREMENT	NOM et PRÉNOM de la VICTIME	Lieu de l'ACCIDENT (et circonstances détaillées)	NATURE et SIÈGES des LÉSIONS
	accident ..../......../........ enregistrement ..../......../........			
	accident ..../......../........ enregistrement ..../......../........			
	accident ..../......../........ enregistrement ..../......../........			
	accident ..../......../........ enregistrement ..../......../........			
	accident ..../......../........ enregistrement ..../......../........			
	accident ..../......../........ enregistrement ..../......../........			
	accident ..../......../........ enregistrement ..../......../........			
	accident ..../......../........ enregistrement ..../......../........			
	accident ..../......../........ enregistrement ..../......../........			

NOMS des TÉMOINS	SIGNATURE du DONNEUR DE SOINS	SIGNATURE DE LA VICTIME	OBSERVATIONS	DATE de l'ARRÊT de TRAVAIL (le cas échéant)
				du ..../......../........ au ..../......../........
				du ..../......../........ au ..../......../........
				du ..../......../........ au ..../......../........
				du ..../......../........ au ..../......../........
				du ..../......../........ au ..../......../........
				du ..../......../........ au ..../......../........
				du ..../......../........ au ..../......../........
				du ..../......../........ au ..../......../........
				du ..../......../........ au ..../......../........

Numéro d'ORDRE	DATE ACCIDENT - ENREGISTREMENT	NOM et PRÉNOM de la VICTIME	Lieu de l'ACCIDENT (et circonstances détaillées)	NATURE et SIÈGES des LÉSIONS
	accident ..../......../........ enregistrement ..../......../........			
	accident ..../......../........ enregistrement ..../......../........			
	accident ..../......../........ enregistrement ..../......../........			
	accident ..../......../........ enregistrement ..../......../........			
	accident ..../......../........ enregistrement ..../......../........			
	accident ..../......../........ enregistrement ..../......../........			
	accident ..../......../........ enregistrement ..../......../........			
	accident ..../......../........ enregistrement ..../......../........			
	accident ..../......../........ enregistrement ..../......../........			

NOMS des TÉMOINS	SIGNATURE du DONNEUR DE SOINS	SIGNATURE DE LA VICTIME	OBSERVATIONS	DATE de l'ARRÊT de TRAVAIL (le cas échéant)
				du ..../......../........ au ..../......../........
				du ..../......../........ au ..../......../........
				du ..../......../........ au ..../......../........
				du ..../......../........ au ..../......../........
				du ..../......../........ au ..../......../........
				du ..../......../........ au ..../......../........
				du ..../......../........ au ..../......../........
				du ..../......../........ au ..../......../........
				du ..../......../........ au ..../......../........

Numéro d'ORDRE	DATE ACCIDENT - ENREGISTREMENT	NOM et PRÉNOM de la VICTIME	Lieu de l'ACCIDENT (et circonstances détaillées)	NATURE et SIÈGES des LÉSIONS
	accident ..../......../........ enregistrement ..../......../........			
	accident ..../......../........ enregistrement ..../......../........			
	accident ..../......../........ enregistrement ..../......../........			
	accident ..../......../........ enregistrement ..../......../........			
	accident ..../......../........ enregistrement ..../......../........			
	accident ..../......../........ enregistrement ..../......../........			
	accident ..../......../........ enregistrement ..../......../........			
	accident ..../......../........ enregistrement ..../......../........			
	accident ..../......../........ enregistrement ..../......../........			

NOMS des TÉMOINS	SIGNATURE du DONNEUR DE SOINS	SIGNATURE DE LA VICTIME	OBSERVATIONS	DATE de l'ARRÊT de TRAVAIL (le cas échéant)
				du ..../......../........ au ..../......../........
				du ..../......../........ au ..../......../........
				du ..../......../........ au ..../......../........
				du ..../......../........ au ..../......../........
				du ..../......../........ au ..../......../........
				du ..../......../........ au ..../......../........
				du ..../......../........ au ..../......../........
				du ..../......../........ au ..../......../........
				du ..../......../........ au ..../......../........

Numéro d'ORDRE	DATE ACCIDENT - ENREGISTREMENT	NOM et PRÉNOM de la VICTIME	Lieu de l'ACCIDENT (et circonstances détaillées)	NATURE et SIÈGES des LÉSIONS
	accident ..../......../........ enregistrement ..../......../........			
	accident ..../......../........ enregistrement ..../......../........			
	accident ..../......../........ enregistrement ..../......../........			
	accident ..../......../........ enregistrement ..../......../........			
	accident ..../......../........ enregistrement ..../......../........			
	accident ..../......../........ enregistrement ..../......../........			
	accident ..../......../........ enregistrement ..../......../........			
	accident ..../......../........ enregistrement ..../......../........			
	accident ..../......../........ enregistrement ..../......../........			

NOMS des TÉMOINS	SIGNATURE du DONNEUR DE SOINS	SIGNATURE DE LA VICTIME	OBSERVATIONS	DATE de l'ARRÊT de TRAVAIL (le cas échéant)
				du ..../......../........ au ..../......../........
				du ..../......../........ au ..../......../........
				du ..../......../........ au ..../......../........
				du ..../......../........ au ..../......../........
				du ..../......../........ au ..../......../........
				du ..../......../........ au ..../......../........
				du ..../......../........ au ..../......../........
				du ..../......../........ au ..../......../........
				du ..../......../........ au ..../......../........

Numéro d'ORDRE	DATE ACCIDENT - ENREGISTREMENT	NOM et PRÉNOM de la VICTIME	Lieu de l'ACCIDENT (et circonstances détaillées)	NATURE et SIÈGES des LÉSIONS
	accident ..../......../........ enregistrement ..../......../........			
	accident ..../......../........ enregistrement ..../......../........			
	accident ..../......../........ enregistrement ..../......../........			
	accident ..../......../........ enregistrement ..../......../........			
	accident ..../......../........ enregistrement ..../......../........			
	accident ..../......../........ enregistrement ..../......../........			
	accident ..../......../........ enregistrement ..../......../........			
	accident ..../......../........ enregistrement ..../......../........			
	accident ..../......../........ enregistrement ..../......../........			

NOMS des TÉMOINS	SIGNATURE du DONNEUR DE SOINS	SIGNATURE DE LA VICTIME	OBSERVATIONS	DATE de l'ARRÊT de TRAVAIL (le cas échéant)
				du ..../......../........ au ..../......../........
				du ..../......../........ au ..../......../........
				du ..../......../........ au ..../......../........
				du ..../......../........ au ..../......../........
				du ..../......../........ au ..../......../........
				du ..../......../........ au ..../......../........
				du ..../......../........ au ..../......../........
				du ..../......../........ au ..../......../........
				du ..../......../........ au ..../......../........

Numéro d'ORDRE	DATE ACCIDENT - ENREGISTREMENT	NOM et PRÉNOM de la VICTIME	Lieu de l'ACCIDENT (et circonstances détaillées)	NATURE et SIÈGES des LÉSIONS
	accident ..../......../........ enregistrement ..../......../........			
	accident ..../......../........ enregistrement ..../......../........			
	accident ..../......../........ enregistrement ..../......../........			
	accident ..../......../........ enregistrement ..../......../........			
	accident ..../......../........ enregistrement ..../......../........			
	accident ..../......../........ enregistrement ..../......../........			
	accident ..../......../........ enregistrement ..../......../........			
	accident ..../......../........ enregistrement ..../......../........			
	accident ..../......../........ enregistrement ..../......../........			

NOMS des TÉMOINS	SIGNATURE du DONNEUR DE SOINS	SIGNATURE DE LA VICTIME	OBSERVATIONS	DATE de l'ARRÊT de TRAVAIL (le cas échéant)
				du ..../......../........ au ..../......../........
				du ..../......../........ au ..../......../........
				du ..../......../........ au ..../......../........
				du ..../......../........ au ..../......../........
				du ..../......../........ au ..../......../........
				du ..../......../........ au ..../......../........
				du ..../......../........ au ..../......../........
				du ..../......../........ au ..../......../........
				du ..../......../........ au ..../......../........

Numéro d'ORDRE	DATE ACCIDENT - ENREGISTREMENT	NOM et PRÉNOM de la VICTIME	Lieu de l'ACCIDENT (et circonstances détaillées)	NATURE et SIÈGES des LÉSIONS
	accident ..../......../........ enregistrement ..../......../........			
	accident ..../......../........ enregistrement ..../......../........			
	accident ..../......../........ enregistrement ..../......../........			
	accident ..../......../........ enregistrement ..../......../........			
	accident ..../......../........ enregistrement ..../......../........			
	accident ..../......../........ enregistrement ..../......../........			
	accident ..../......../........ enregistrement ..../......../........			
	accident ..../......../........ enregistrement ..../......../........			
	accident ..../......../........ enregistrement ..../......../........			

NOMS des TÉMOINS	SIGNATURE du DONNEUR DE SOINS	SIGNATURE DE LA VICTIME	OBSERVATIONS	DATE de l'ARRÊT de TRAVAIL (le cas échéant)
				du ..../......../........ au ..../......../........
				du ..../......../........ au ..../......../........
				du ..../......../........ au ..../......../........
				du ..../......../........ au ..../......../........
				du ..../......../........ au ..../......../........
				du ..../......../........ au ..../......../........
				du ..../......../........ au ..../......../........
				du ..../......../........ au ..../......../........
				du ..../......../........ au ..../......../........

Numéro d'ORDRE	DATE ACCIDENT - ENREGISTREMENT	NOM et PRÉNOM de la VICTIME	Lieu de l'ACCIDENT (et circonstances détaillées)	NATURE et SIÈGES des LÉSIONS
	accident ..../......../........ enregistrement ..../......../........			
	accident ..../......../........ enregistrement ..../......../........			
	accident ..../......../........ enregistrement ..../......../........			
	accident ..../......../........ enregistrement ..../......../........			
	accident ..../......../........ enregistrement ..../......../........			
	accident ..../......../........ enregistrement ..../......../........			
	accident ..../......../........ enregistrement ..../......../........			
	accident ..../......../........ enregistrement ..../......../........			
	accident ..../......../........ enregistrement ..../......../........			

NOMS des TÉMOINS	SIGNATURE du DONNEUR DE SOINS	SIGNATURE DE LA VICTIME	OBSERVATIONS	DATE de l'ARRÊT de TRAVAIL (le cas échéant)
				du ..../......../........ au ..../......../........
				du ..../......../........ au ..../......../........
				du ..../......../........ au ..../......../........
				du ..../......../........ au ..../......../........
				du ..../......../........ au ..../......../........
				du ..../......../........ au ..../......../........
				du ..../......../........ au ..../......../........
				du ..../......../........ au ..../......../........
				du ..../......../........ au ..../......../........

Numéro d'ORDRE	DATE ACCIDENT - ENREGISTREMENT	NOM et PRÉNOM de la VICTIME	Lieu de l'ACCIDENT (et circonstances détaillées)	NATURE et SIÈGES des LÉSIONS
	accident ..../......../........ enregistrement ..../......../........			
	accident ..../......../........ enregistrement ..../......../........			
	accident ..../......../........ enregistrement ..../......../........			
	accident ..../......../........ enregistrement ..../......../........			
	accident ..../......../........ enregistrement ..../......../........			
	accident ..../......../........ enregistrement ..../......../........			
	accident ..../......../........ enregistrement ..../......../........			
	accident ..../......../........ enregistrement ..../......../........			
	accident ..../......../........ enregistrement ..../......../........			

NOMS des TÉMOINS	SIGNATURE du DONNEUR DE SOINS	SIGNATURE DE LA VICTIME	OBSERVATIONS	DATE de l'ARRÊT de TRAVAIL (le cas échéant)
				du ..../......../........ au ..../......../........
				du ..../......../........ au ..../......../........
				du ..../......../........ au ..../......../........
				du ..../......../........ au ..../......../........
				du ..../......../........ au ..../......../........
				du ..../......../........ au ..../......../........
				du ..../......../........ au ..../......../........
				du ..../......../........ au ..../......../........
				du ..../......../........ au ..../......../........

Numéro d'ORDRE	DATE ACCIDENT - ENREGISTREMENT	NOM et PRÉNOM de la VICTIME	Lieu de l'ACCIDENT (et circonstances détaillées)	NATURE et SIÈGES des LÉSIONS
	accident ..../......../........ enregistrement ..../......../........			
	accident ..../......../........ enregistrement ..../......../........			
	accident ..../......../........ enregistrement ..../......../........			
	accident ..../......../........ enregistrement ..../......../........			
	accident ..../......../........ enregistrement ..../......../........			
	accident ..../......../........ enregistrement ..../......../........			
	accident ..../......../........ enregistrement ..../......../........			
	accident ..../......../........ enregistrement ..../......../........			
	accident ..../......../........ enregistrement ..../......../........			

NOMS des TÉMOINS	SIGNATURE du DONNEUR DE SOINS	SIGNATURE DE LA VICTIME	OBSERVATIONS	DATE de l'ARRÊT de TRAVAIL (le cas échéant)
				du ..../......../........ au ..../......../........
				du ..../......../........ au ..../......../........
				du ..../......../........ au ..../......../........
				du ..../......../........ au ..../......../........
				du ..../......../........ au ..../......../........
				du ..../......../........ au ..../......../........
				du ..../......../........ au ..../......../........
				du ..../......../........ au ..../......../........
				du ..../......../........ au ..../......../........

Numéro d'ORDRE	DATE ACCIDENT - ENREGISTREMENT	NOM et PRÉNOM de la VICTIME	Lieu de l'ACCIDENT (et circonstances détaillées)	NATURE et SIÈGES des LÉSIONS
	accident ..../......../........ enregistrement ..../......../........			
	accident ..../......../........ enregistrement ..../......../........			
	accident ..../......../........ enregistrement ..../......../........			
	accident ..../......../........ enregistrement ..../......../........			
	accident ..../......../........ enregistrement ..../......../........			
	accident ..../......../........ enregistrement ..../......../........			
	accident ..../......../........ enregistrement ..../......../........			
	accident ..../......../........ enregistrement ..../......../........			
	accident ..../......../........ enregistrement ..../......../........			

NOMS des TÉMOINS	SIGNATURE du DONNEUR DE SOINS	SIGNATURE DE LA VICTIME	OBSERVATIONS	DATE de l'ARRÊT de TRAVAIL (le cas échéant)
				du ..../......../........ au ..../......../........
				du ..../......../........ au ..../......../........
				du ..../......../........ au ..../......../........
				du ..../......../........ au ..../......../........
				du ..../......../........ au ..../......../........
				du ..../......../........ au ..../......../........
				du ..../......../........ au ..../......../........
				du ..../......../........ au ..../......../........
				du ..../......../........ au ..../......../........

Numéro d'ORDRE	DATE ACCIDENT - ENREGISTREMENT	NOM et PRÉNOM de la VICTIME	Lieu de l'ACCIDENT (et circonstances détaillées)	NATURE et SIÈGES des LÉSIONS
	accident ..../......../........ enregistrement ..../......../........			
	accident ..../......../........ enregistrement ..../......../........			
	accident ..../......../........ enregistrement ..../......../........			
	accident ..../......../........ enregistrement ..../......../........			
	accident ..../......../........ enregistrement ..../......../........			
	accident ..../......../........ enregistrement ..../......../........			
	accident ..../......../........ enregistrement ..../......../........			
	accident ..../......../........ enregistrement ..../......../........			
	accident ..../......../........ enregistrement ..../......../........			

NOMS des TÉMOINS	SIGNATURE du DONNEUR DE SOINS	SIGNATURE DE LA VICTIME	OBSERVATIONS	DATE de l'ARRÊT de TRAVAIL (le cas échéant)
				du ..../......../........ au ..../......../........
				du ..../......../........ au ..../......../........
				du ..../......../........ au ..../......../........
				du ..../......../........ au ..../......../........
				du ..../......../........ au ..../......../........
				du ..../......../........ au ..../......../........
				du ..../......../........ au ..../......../........
				du ..../......../........ au ..../......../........
				du ..../......../........ au ..../......../........

Numéro d'ORDRE	DATE ACCIDENT - ENREGISTREMENT	NOM et PRÉNOM de la VICTIME	Lieu de l'ACCIDENT (et circonstances détaillées)	NATURE et SIÈGES des LÉSIONS
	accident ..../......../........ enregistrement ..../......../........			
	accident ..../......../........ enregistrement ..../......../........			
	accident ..../......../........ enregistrement ..../......../........			
	accident ..../......../........ enregistrement ..../......../........			
	accident ..../......../........ enregistrement ..../......../........			
	accident ..../......../........ enregistrement ..../......../........			
	accident ..../......../........ enregistrement ..../......../........			
	accident ..../......../........ enregistrement ..../......../........			
	accident ..../......../........ enregistrement ..../......../........			

NOMS des TÉMOINS	SIGNATURE du DONNEUR DE SOINS	SIGNATURE DE LA VICTIME	OBSERVATIONS	DATE de l'ARRÊT de TRAVAIL (le cas échéant)
				du ..../......../........ au ..../......../........
				du ..../......../........ au ..../......../........
				du ..../......../........ au ..../......../........
				du ..../......../........ au ..../......../........
				du ..../......../........ au ..../......../........
				du ..../......../........ au ..../......../........
				du ..../......../........ au ..../......../........
				du ..../......../........ au ..../......../........
				du ..../......../........ au ..../......../........

Numéro d'ORDRE	DATE ACCIDENT - ENREGISTREMENT	NOM et PRÉNOM de la VICTIME	Lieu de l'ACCIDENT (et circonstances détaillées)	NATURE et SIÈGES des LÉSIONS
	accident ..../......../........ enregistrement ..../......../........			
	accident ..../......../........ enregistrement ..../......../........			
	accident ..../......../........ enregistrement ..../......../........			
	accident ..../......../........ enregistrement ..../......../........			
	accident ..../......../........ enregistrement ..../......../........			
	accident ..../......../........ enregistrement ..../......../........			
	accident ..../......../........ enregistrement ..../......../........			
	accident ..../......../........ enregistrement ..../......../........			
	accident ..../......../........ enregistrement ..../......../........			

NOMS des TÉMOINS	SIGNATURE du DONNEUR DE SOINS	SIGNATURE DE LA VICTIME	OBSERVATIONS	DATE de l'ARRÊT de TRAVAIL (le cas échéant)
				du ..../......../........ au ..../......../........
				du ..../......../........ au ..../......../........
				du ..../......../........ au ..../......../........
				du ..../......../........ au ..../......../........
				du ..../......../........ au ..../......../........
				du ..../......../........ au ..../......../........
				du ..../......../........ au ..../......../........
				du ..../......../........ au ..../......../........
				du ..../......../........ au ..../......../........

Numéro d'ORDRE	DATE ACCIDENT - ENREGISTREMENT	NOM et PRÉNOM de la VICTIME	Lieu de l'ACCIDENT (et circonstances détaillées)	NATURE et SIÈGES des LÉSIONS
	accident ..../......../........ enregistrement ..../......../........			
	accident ..../......../........ enregistrement ..../......../........			
	accident ..../......../........ enregistrement ..../......../........			
	accident ..../......../........ enregistrement ..../......../........			
	accident ..../......../........ enregistrement ..../......../........			
	accident ..../......../........ enregistrement ..../......../........			
	accident ..../......../........ enregistrement ..../......../........			
	accident ..../......../........ enregistrement ..../......../........			
	accident ..../......../........ enregistrement ..../......../........			

NOMS des TÉMOINS	SIGNATURE du DONNEUR DE SOINS	SIGNATURE DE LA VICTIME	OBSERVATIONS	DATE de l'ARRÊT de TRAVAIL (le cas échéant)
				du ..../......../........ au ..../......../........
				du ..../......../........ au ..../......../........
				du ..../......../........ au ..../......../........
				du ..../......../........ au ..../......../........
				du ..../......../........ au ..../......../........
				du ..../......../........ au ..../......../........
				du ..../......../........ au ..../......../........
				du ..../......../........ au ..../......../........
				du ..../......../........ au ..../......../........

www.ingramcontent.com/pod-product-compliance
Lightning Source LLC
LaVergne TN
LVHW061947220826
846091LV00014B/4094
9781674134192